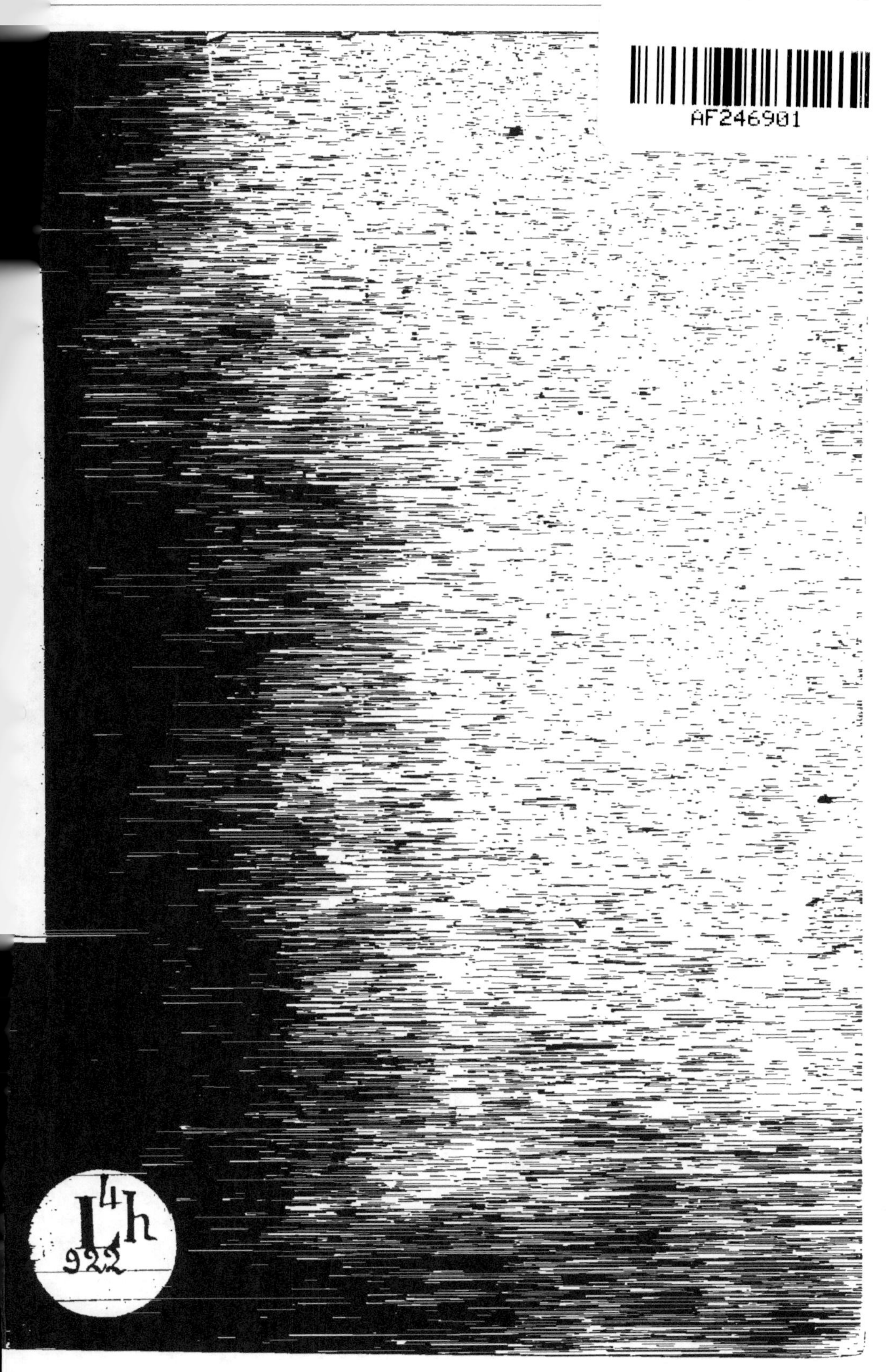
AF246901
L 4h
922

# Guerre de 1870-71

## Campagne

de la 1<sup>re</sup> Compagnie

des

# Guides forestiers des Vosges

(Mois de décembre 1870)

Contrexéville — Dombrot — Lamarche.
Camp de Lavacheresse.

par

## E. Rambaux,

Garde Général des Forêts,
Chevalier de la Légion d'Honneur.

Avec Cartes et Plans.

Mirecourt, autographie Humbert.

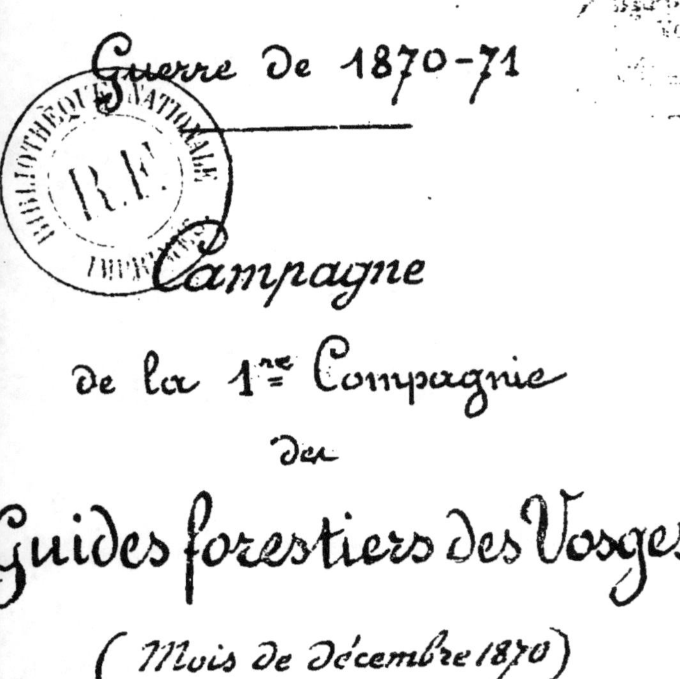

# Guerre de 1870-71

## Campagne

de la 1ʳᵉ Compagnie

des

# Guides forestiers des Vosges

( Mois de Décembre 1870 )

par

## E. Rambaux

Garde Général des Forêts,
Chevalier de la Légion d'Honneur.

Partie Sud-Ouest
du
DÉP^ont des VOSGES

Châtenois
Dombrot-s-v.
Pompierre
Aulnois
Sandaucourt
St Remimont
Sartes
Mandres
Romoncourt
Médonville
Vittel
Haréville
Bulgnéville
St Ouen
Suriauville
Contrexéville
Vrécourt
Thuillères
Sauville
Lavrechoresse
Dombrot-le-sec
Camp
Crainvilliers
Relanges
Rozières
Martigny
Viviers-le-gras
Villotte
Frain
Darney
Damblain
Bleurville
Romain
Lamarche
Cignécourt
Serécourt
Monthureux
(Haute   Route de Langres
Marne)
Mont-Isches
St Julien
50 K
Les Chons
Raynéville
Bourbonne
Chatillon
(Hte Saône)
Echelle.
0    5 K.    10 K.    15 K
⊙ Chefs-lieux de Canton.
● Communes.
Localités où ont eu lieu
des combats ou engagements
en X^bre 1870 et janvier 1871

form=# Guides forestiers des Vosges

## 1re Compagnie
### (Arrondissement de Neufchâteau)

## Extrait

Du Rapport militaire sur le service pendant le mois de décembre 1870.

Un décret du 9 août 1870 avait mobilisé les agents et gardes forestiers du Département des Vosges, aux conditions de l'Ordonnance du 27 août 1831.

Dès le commencement du mois d'Août, M. le Conservateur des Forêts, devançant cet ordre, avait procédé à l'Organisation des Compagnies de Guides, et l'Inspection de Neufchâteau formait la 1re Compagnie, Capitaine M. Lefèbvre, Sous-Inspecteur des Forêts à Neufchâteau.

— 4 —

Une dépêche du 9 août 1870, de M. le Minis-
-tre des Finances, prescrivait en outre aux agents
et Gardes, ainsi mobilisés, de « se mettre à la Dispo-
-sition de l'Autorité militaire ».

Le 1ᵉʳ Décembre 1870, je reçus de Mᵉ Victor
Martin, sous-Préfet de Neufchâteau et Chef
militaire du Département des Vosges (par décret
du 9 novembre 1870), l'ordre de me rendre à
Lamarche (Vosges), dans le plus bref délai, avec
tous les Guides que je pourrais réunir.

Je savais qu'il existait alors à Lamarche
un noyau de troupes françaises, et je n'hésitai
pas un seul instant à répondre à cet appel.

Le Capitaine, M. Lefebvre, sous-Inspecteur,
et le lieutenant, M. Huart, Garde Général, étant
tous deux en résidence à Neufchâteau, au milieu des Prussiens, on ne pouvait raisonnable-
-ment songer à obtenir leur concours, et, quoique
simple Sous-lieutenant, je crus devoir assumer
sur moi toute la responsabilité des mesures
à prendre.

En conséquence, je prévins immédiate-

-ment les Guides forestiers des deux Cantonnements de Bulgnéville et de Lamarche de se rendre le lendemain dans ces deux localités; je fis préve- -nir même les Guides des deux Cantonnements de Neufchâteau qui pourraient s'absenter sans dan- -ger, de se joindre à leurs camarades; enfin j'en- -voyai un exprès au Capitaine de la Compagnie à Neufchâteau, pour l'informer des ordres que j'avais reçus et des mesures que j'avais prises d'urgence.

Il n'y avait pas de temps à perdre, et, dès le lendemain, 2 Décembre, je pus m'en con- -vaincre.

Vers midi, j'étais sur la place de Bul- -gnéville, occupé à réunir les Guides qui arrivaient peu à peu, lorsqu'un Cavalier survint et m'annonça qu'un engagement avait lieu à Vittel entre les Prussiens et les troupes françaises, et que l'Officier com- -mandant le détachement français me deman- -dait du secours; il ajouta que les Prussiens se repliaient sur Contrexéville et, peut-être, sur Bulgnéville.

Je rassemblai immédiatement les Guides arrivés au rendez-vous et quelques Gardes na-tionaux de bonne volonté, et nous courûmes à Contrexéville.

Malgré notre diligence, nous n'arrivâmes qu'au moment où se tiraient les derniers coups de feu, et où les Prussiens se constituaient prisonniers, après avoir été enlevés en quelque sorte d'assaut dans la maison d'École qui leur avait servi de refuge.

Ces derniers étaient au nombre de seize, dont un Officier ; un des leurs avait été tué.

Les Français n'étaient que sept, comman-dés par le lieutenant Courvès, ancien élève de Saint-Cyr, officier distingué du 93ᵉ de ligne, et échappé de Metz.

L'arrivée des Guides causa un certain émoi : leur allure franchement militaire et surtout leur uniforme vert les firent prendre de loin pour des Chasseurs prussiens ; la population s'enfuit avec épouvante et les prisonniers tentèrent de s'évader, mais l'erreur fut de courte durée, on nous salua avec joie, et ce renfort eut pour résultat d'assurer le maintien des prisonniers et d'éloigner toute appréhension de danger en cas d'attaque par les 40 autres Prussiens qui se trouvaient à Vittel et qui rebroussèrent chemin sur Mirecourt.

La garde des prisonniers fut confiée aux Guides, et le même soir nous couchâmes à Lamarche.

J'employai la journée du 3 d'cembre à installer mes hommes à la Caserne de la Gendarmerie. Je leur fis remettre les cartouchières enlevées aux Prussiens, des gamelles, des couvertures, etc.

Sur les 35 hommes formant la 1$^{re}$ Compagnie des Guides, 24 avaient répondu à mon appel (Voir la Note 1, à la suite du Rapport); en outre le Garde Gravel de Contrexéville s'était joint à nous et il ne fut pas un des moins zélés.

Les Guides des Cantonnements de

Neufchâteau qui ne craignirent pas de venir à Lamarche, firent certainement preuve de beaucoup de cœur et de courage, car ils dûrent traverser, en armes, les lignes prussiennes, et ils exposaient leurs maisons à être pillées et brûlées par l'ennemi s'il eût appris leur dé--part.

En résumé, la Compagnie comprit :

1 Sergent-major,
2 Sergents,
6 caporaux,
16 Soldats, } Soit en tout 25 hommes.

J'étais seul des trois Officiers nommés par M. le Conservateur des forêts, et je pris nécessairement le commandement de la Compagnie, mais je trouvai en la personne de mon collègue M. Loppinet, Garde Général des forêts à Lamarche, que M. Martin, sous-Préfet, m'adjoignit comme Officier, un précieux auxiliaire pour toutes les opérations qui suivirent.

Les troupes françaises réunies à Lamarche.

comprenaient alors :

Une première Compagnie franche, com-
-mandée par le Capitaine Bernard (ancien
militaire, Officier de Francs-tireurs échappé de
Metz et tenant ses pouvoirs du Gouvernement
de Tours) ;

Une deuxième Compagnie franche, com-
-mandée par le lieutenant Courriès, (compa-
-gnie formée exclusivement de militaires de
l'armée active) ;

La Compagnie des Guides forestiers ;

Enfin plusieurs Compagnies de Gardes
nationaux mobilisés des Cantons de Bul-
-gréville et de Lamarche.

A côté de ces forces, était le Comité
militaire, institué par décret du 9 novembre
1870, qui était chargé de préparer et de faci-
-liter les expéditions, de veiller aux moyens de
subsistance des troupes, etc.

Le Chef militaire proprement dit de
ce petit Corps qui, plus tard, devait pren-
-dre une grande importance sous le nom
d'« Avant-Garde de la Délivrance »,

était le Capitaine Bernard, et, dans les circons-
-tances graves, ce dernier n'agissait qu'après
avoir pris avis du Conseil de Guerre tenu par
tous les principaux Officiers présents.

Enfin, au-dessus, comme Chef militaire
du Département et représentant le Gouverne-
-ment; était M. Victor Martin, Sous-Préfet
de Neufchâteau.

Le 4 décembre, à une heure du matin,
toutes les forces partirent pour Vittel où étaient
signalés 200 Prussiens.

Nous arrivâmes à Vittel au point du jour,
après une marche de plus de 20 kilomètres,
pensant surprendre les Prussiens à peine ré-
-veillés et à jeun ; mais ceux-ci, avertis sans doute
par quelques âmes charitables, étaient repartis
en toute hâte, au milieu de la nuit, abandon-
-nant leur couchage et d'énormes tranches de
lard, reliefs de leur souper.

Sur la prière du Capitaine Bernard, je
quittai Vittel, pour l'accompagner, lui et sa
compagnie, dans une reconnaissance sur

Thuillières, Darney et Monthureux-sur-Saône.

Pendant ce temps, les Guides forestiers, sous les ordres de mon Collègue, et le restant des trou-pes regagnèrent Lamarche.

Le même soir, une de ces paniques ridicules, comme on en vit trop dans cette malheureuse guerre, s'empara des nombreux Mobilisés qui se trou-vaient à Lamarche. La compagnie Bernard était, nous l'avons dit, dans le Canton de Darney, et le lieutenant Cornès était parti pour Langres conduire les prisonniers et, en même temps, cher-cher des renforts. Quelques nouvelles absurdes circulèrent dans les rangs des Mobilisés : une colonne de 12.000 Prussiens, disaient les uns, s'avance sur Lamarche ; nous sommes trahis, disaient les autres ; finalement, malgré les meil-leurs renseignements venus du dehors, malgré le bon exemple des Guides et des anciens mili-taires, malgré les exhortations de leurs officiers, tous ou presque tous désertèrent.

Dans leur fuite, ils n'eurent pas même le courage de conserver leurs armes ; ils aban-donnèrent, dans les jardins et dans les champs,

leurs fusils et les munitions que l'on avait eu
tant de peine à réunir.

Les Guides forestiers restèrent seuls à leur
poste; mais, par mesure de prudence, mon
collègue renvoya les plus éloignés, et ne con-
serva à Lamarche que ceux de mon Cantonnement et du sien, plus le Garde Gravel et
le Garde Aubert de Midrevaux, soit en tout
20 hommes.

Le 5 Décembre, je revins de Mouthureux,
avec les troupes du Capitaine Bernard, et cette
journée et les deux suivantes furent employées
à rétablir le service quelque peu troublé par
l'effet de la panique du 4.

Le 8 décembre, dans la matinée, je pro-
cédai, avec mon collègue de Lamarche et deux
membres du Comité militaire, à la reconnaissance
de l'emplacement d'un Camp de refuge et
d'instruction à établir au centre du grand
massif de forêt qui s'étend de Lavacharesse
à Villotte.

Ce Camp (dont nous reparlerons plus loin) prit le nom de « Camp de Lavacheresse ou de Boëne » (du nom de la maison forestière existant en cet endroit).

On commença immédiatement les travaux d'installation, et plusieurs Guides furent détachés pour surveiller le travail des terrassiers et des charpentiers.

En rentrant à Lamarche, on tint Conseil de guerre. On avait reçu des nouvelles graves : 1200 Prussiens de troupes d'élite (Chasseurs, avec cavalerie et artillerie) se dirigeaient sur Lamarche et devaient coucher le même soir à Dombrot-le-sec et dans les villages voisins.

Il fallait absolument les arrêter, car, en une journée, ils pouvaient être à Lamarche et s'emparer de cette position sans coup férir, attendu que ni les Mobilisés, ni le lieutenant Convics, ni les secours que ce dernier devait ramener de la Haute-Marne, n'étaient revenus.

On décida que, pour donner le change aux Prussiens sur nos forces, on irait les attaquer au milieu de la nuit. Ce coup de main hardi pou—

-vait seul nous sauver.

Nos émissaires avaient fourni des renseigne-ments précieux sur les positions occupées par l'ennemi : 600 Prussiens environ, avec l'artillerie, se trouvaient à Dombrot-le-sec, 400 à Viviers-le-gras, et 200 cavaliers à Contrexéville.

On partit à la tombée de la nuit, et les Guides prirent la tête de la colonne, forte à peine de 150 hommes y compris des Gardes nationaux sur lesquels on ne pouvait que médiocrement compter.

Le froid était vif, et il y avait sur le sol une épaisse couche de neige qui rendait la marche très-difficile. Il faisait en outre un brouillard intense qui ne permettait pas de distinguer les objets à plus de cent mètres, et, encore à cette distance, le plus petit obstacle, le moindre buisson prenait des apparences redou-tables ; notre attention était sans cesse tenue en éveil et nous n'avancions que lentement.

Grâce aux Guides qui connaissaient merveilleusement tous les chemins et sentiers, nous pûmes toutefois gagner sans encombre un petit bois distant de Dombrot de 1500 mètres, et, là, on s'entendit pour la dernière fois sur les moyens d'attaque:

Le gros de la Compagnie franche et les Gardes nationaux de bonne volonté devaient pénétrer dans le village; pendant ce temps, une seconde colonne formée de Mobilisés et du surplus de la compagnie franche devait le contourner par la droite et rejoindre les premiers vers l'Église; enfin les Guides forestiers avec tous les autres Gardes nationaux constituèrent la Réserve.

On manquait d'officiers, le Capitaine Bernard me pria de l'accompagner pour pénétrer dans Dombrot avec lui, à la tête de ses troupes: j'acceptai de grand cœur, après avoir disposé mes Forestiers à l'arrière, en leur recommandant de ne pas s'introduire dans le village, de retenir les fuyards, de recueillir les blessés, et enfin, après le coup de main, de reprendre la tête de la colonne pour la guider dans la retraite.

On se remit en marche et on gagna prompte-

—ment les abords du chemin qui va de Crainvilliers à Dombrot-le-sec et qui est bordé par une rangée de gros cerisiers. On se glissa en silence le long de ces arbres, et bientôt l'avant-garde arriva en vue de la sentinelle prussienne, placée auprès de la première maison du village.

C'était le 9 décembre, à 6 heures du matin.

Vingt pas à peine nous séparaient de la sentinelle; un de nos turcos, le couteau dans les dents, s'avança vers elle, en rampant sur le sol comme une couleuvre: tout-à-coup, un vigoureux « wer da » est poussé par le Prussien qui a vu quelque chose d'insolite dans cette ombre noire qui s'approche de lui.

Puis, presque simultanément et en moins de temps que je n'en mets pour le dire, nous entendons le second appel de la sentinelle, un coup de feu, le sifflement d'une balle, et le râle du Prussien expirant sous le poignard du turco.

La colonne se précipite dans le village comme d'abord une première fusillade dirigée par les hommes du poste, sortis au bruit du coup de feu de leur sentinelle; on ne s'arrête pas.

et tandis qu'une poignée d'hommes (parmi lesquels je suis heureux de citer mon collègue, M. Loppinet,) prend d'assaut le poste et y massacre les Prussiens qui s'y sont barricadés, nous continuons notre course dans Dombrot avec environ 60 hommes déterminés.

On cherche à pénétrer dans les maisons, pour faire des prisonniers ou...... des morts; mais, hélas! on se heurte à chaque pas contre un ennemi sur lequel on n'a pas compté: ce sont les habitants qui, réveillés en sursaut, s'avancent sur le seuil de leur porte, puis, voyant que nous sommes des Français, rentrent brusquement en jetant des cris d'effroi, s'enferment et se barricadent à l'intérieur.

On est obligé d'enfoncer les portes et les fenêtres à coups de crosse de fusil, pour pénétrer dans les maisons et y lutter corps à corps avec les Prussiens. Mais ces obstacles, on le conçoit, font perdre beaucoup de temps et permettent à l'ennemi de faire pleuvoir, des étages supérieurs sur nous, une grêle de balles.

Les canons sont devant l'Église, et déjà nos hommes les entourent; mais il est trop tard: la seconde colonne, arrêtée par les neiges, n'a pu nous rejoindre, les Prussiens s'avancent en lignes serrées, et on donne le signal de la retraite.

L'ennemi, ignorant notre petit nombre et craignant un piège, n'ose nous poursuivre hors du village, et nous autres, harassés de fatigue, nous reprenons le chemin de Lamarche.

Cette affaire nous coûta 3 hommes tués et quelques blessés.

Quant aux pertes de l'ennemi, il est difficile de les préciser, et les habitants eux-mêmes ne purent s'en rendre compte, car, le lendemain, on leur défendit de sortir dans les rues, et, pendant ce temps, les Prussiens firent évacuer les blessés et disparaître les morts, avec ce soin jaloux que nous leur avons vu partout. Toutefois, d'après les cadavres que j'ai pu voir, durant l'action, j'évalue ces pertes à environ 60 hommes tués ou blessés.

En rentrant à Lamarche, nous trouvâmes des secours importants :

La Compagnie Commès, renforcée de nombreux soldats de ligne ;

La Compagnie des Voltigeurs de St-Dizier,

Capitaine Grégoire,

La Compagnie des Trente, commandée par le lieutenant Buhler, et formée exclusivement de militaires évadés de Prusse,

Enfin quelques Mobilisés qui, honteux de leur frayeur du 4 décembre, commençaient à revenir.

Ces renforts, joints aux Compagnies Bernard et des Guides, constituèrent un petit effectif assez imposant de 300 hommes environ.

Le 10 décembre, on apprit que la colonne prussienne attaquée à Dombrot-le-sec, continuait à s'avancer sur Lamarche, mais avec une extrême lenteur. Le même soir, nous savions d'une manière positive que les 1100 hommes qui la composaient, étaient massés à Frain et devaient y passer la nuit.

Frain est situé à 8 kilomètres de Lamarche.

On tint Conseil de guerre jusqu'à une heure fort avancée de la nuit.

Les Prussiens devaient nécessairement nous attaquer le lendemain et nous n'avions à leur opposer que 300 hommes, sans artillerie, ni cavalerie

Toutes les dispositions à prendre furent discutées avec soin, et une copie des résolutions adoptées ainsi qu'un croquis des lieux furent remis à tous les commandants de Compagnie ou de Section, (Voir la Note 2, à la suite du Rapport).

Le lendemain, Dimanche 11 Décembre, eut lieu le Combat des Fourches appelé plus communément Combat de Lamarche.

L'action commença vers dix heures du matin et ne cessa que vers une heure du soir. Pendant tout ce temps, on fut plongé dans un brouillard aussi épais que celui de l'avant-veille.

Je vais résumer les divers incidents de cette lutte acharnée où, durant trois heures, une poignée de braves sut tenir en échec un corps prussien nombreux et bien armé. C'est un des plus beaux épisodes de la défense des Vosges.

On pouvait prévoir que l'ennemi s'avancerait par la route de Mirecourt, mais, afin de parer à toute attaque venant d'autre direction, le gros de nos forces se concentra entre Lamarche, le bois de la Fourrée et les deux monts Ste Etienne et des Fourches.

Camp
Forêt de
Creuchot
Rozières
Rocourt
Route de Neufchâteau
Collaincourt
Lam
Route de Langres
Bois le Seigne
Légende.
Français.
Allemands.
Ligne de retraite des Français
Routes suivies par les Prussiens
pour entrer dans Lamarche.
1. Poste Buhler.
2. Poste de la Tuilerie.
3. Point à occuper par le poste
de la Tuilerie.
4. Poste du sentier de Morizécourt.
5. Poste des baraques.
6. Poste de la Fagotière.
7. Positions des Prussiens pendant
le Combat.
8. Compagnies Bernard et Counés.
9. Guides forestiers et Voltigeurs
de St Dizier.
Echelle de 1 à 80.000.

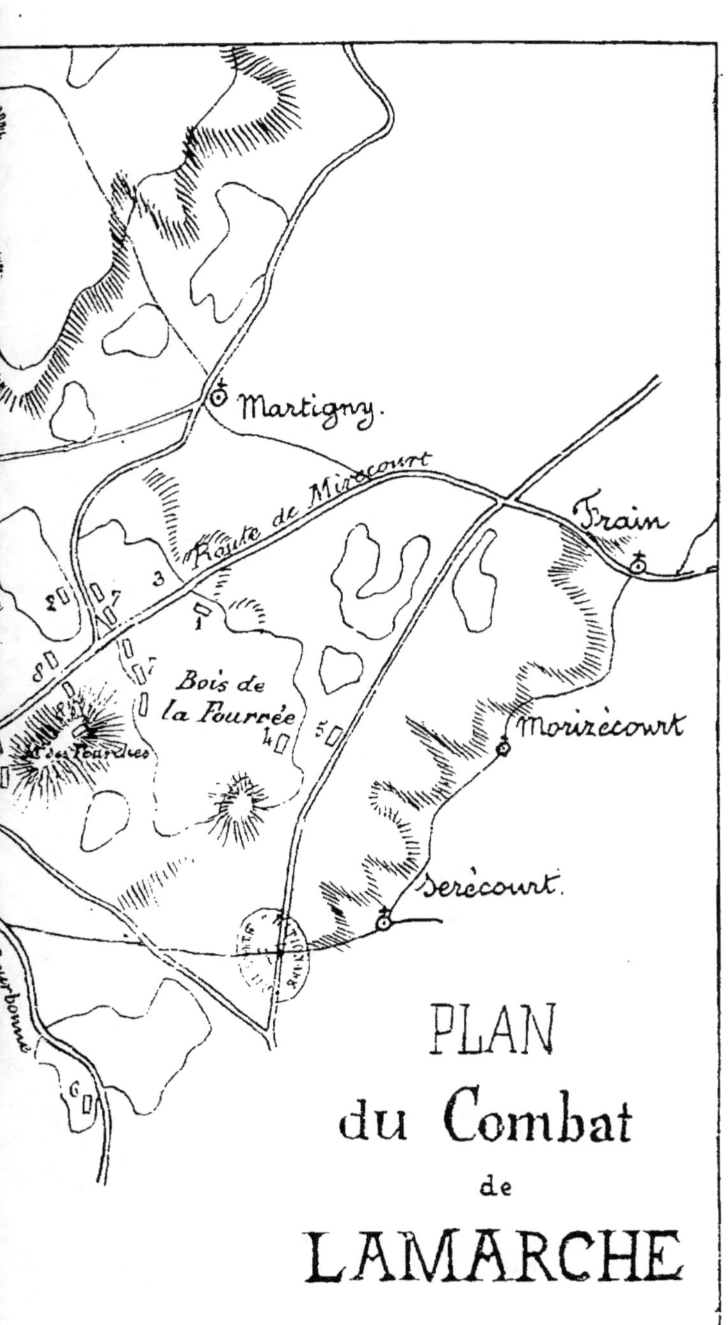


PLAN
du Combat
de
LAMARCHE

Des détachements importants furent chargés de dé-
-fendre les abords de la forêt du coté de Martigny
(Poste de la Tuilerie), du coté de Frain, par la route
de Mirecourt (Poste Buhler), et du côté de Morizé-
-court et Serécourt; enfin les routes de Bourbonne et
de Neufchâteau furent également surveillées.

J'adjoignis à chacun de ces postes un ou
plusieurs Guides forestiers.

Les Prussiens pénétrèrent dans le bois de la
Fourrée, par la route de Mirecourt, point où devait
se trouver le lieutenant Buhler, avec ordre de résis-
-ter jusqu'à l'arrivée du Poste de la Tuilerie et des
autres Compagnies. Mais, par suite de circonstan-
-ces regrettables, ce lieutenant, supposant que l'atta-
-que aurait lieu plus à droite, non loin d'un petit
bois isolé, avait crû devoir modifier sa place de
bataille et s'était porté vers le point qu'il croy-
-ait menacé; aussi, quand l'ennemi arriva par la
route de Mirecourt, essaya-t-il vainement de
courir à son premier poste: il fut promptement
débordé par des forces considérables et dut se
replier après un échange de quelques coups de feu,
abandonnant ainsi la forêt aux Prussiens qui s'y

rièrent en masse et l'occupèrent avant que nos trou-
-pes, mandées en toute hâte mais trop tard, y fussent arri-
-vées.

C'était un début malheureux, car il donnait à nos adversaires l'avantage de la position.

Toutefois, sans se décourager et pendant que les Allemands se déployaient sur la lisière de la forêt, le capitaine Bernard et le lieutenant Commes rallièrent tous leurs hommes, et, les disposant derrière les buissons et les moindres accidents de terrain, opposèrent à l'ennemi un front de bataille parrallèle au sien (Voir n°s 7 et 8 du Plan); ils occupèrent en outre l'importante position du Mont des Fourches.

Alors commença un combat furieux et opiniâtre: Une fusillade terrible s'engagea de part et d'autre; les Prussiens essayèrent de nous accabler sous le nombre en faisant avancer d'énormes colonnes; tous leurs efforts échouèrent devant la barrière de feu qui leur était opposée. Vingt fois ils tentèrent de s'élancer hors du bois, vingt fois ils durent reculer avec de grandes pertes; à la fin cependant, ils purent s'approcher davantage, mais les Français, se démasquant tout-à-coup, se précipitèrent sur

eux en criant « A la baïonnette ». Ce cri seul pro-
-duisit dans leurs rangs une véritable terreur et leur
fit effectuer un mouvement de recul de plus de
cent mètres. Malheureusement les forces de nos
hommes s'épuisaient, les munitions faisaient déjà
défaut, le nombre des ennemis allait toujours crois-
-sant, et sa cavalerie était signalée se dirigeant
à travers bois pour contourner la Côte des Fourches
et nous prendre par derrière.

Dans ces conditions, il était dangereux de
continuer la lutte, et les Compagnies Counès
et Bernard se replièrent sur Lamarche. Pendant
ce temps les Guides forestiers et les Voltigeurs de
Saint-Dizier, déployés en tirailleurs autour de
la ville, tinrent les Prussiens à distance par
un feu nourri, et permirent ainsi à toutes les troupes
de se retirer sans être inquiétées, de traverser
Lamarche, d'enlever la majeure partie du maté-
-riel, et d'aller se réunir hors des murs, sur la
route de Langres.

Je rassemblai ensuite tous mes hommes,
et j'allai me mettre, avec eux, en tête de la
colonne pour diriger la retraite.

Je laissai à Lamarche M. Loppinet, avec la mission délicate et périlleuse de sauver le reste de notre matériel et de nous l'expédier au Camp les jours suivants.

Le Combat des Fourches fut excessivement meurtrier pour les Prussiens. Craignant une surprise que pouvaient faciliter la neige et le brouillard, ils ne s'avançaient qu'en colonnes serrées, et nos feux de peloton, bien dirigés par le lieutenant Commès, y faisaient d'horribles trouées.

Après la lutte, plusieurs personnes virent passer sur la route, se dirigeant sur Epinal, cinq énormes voitures remplies de blessés allemands. L'ennemi ne permit aux habitants de visiter le champ de bataille que le lendemain, et il profita de ce temps pour faire disparaître les morts, selon son habitude.

Les pertes des Prussiens durent s'élever à 150 hommes tués ou blessés ; les nôtres ne dépas-sèrent pas une quinzaine d'hommes. Tous nos blessés furent ramenés par nous à Lamarche et installés à l'ambulance. — Le Guide forestier Griselin chargé de rester pendant la nuit, à un poste avancé, eut un pied gelé.

Tandis que les Prussiens pénétraient dans la ville, notre petite colonne prenait la direction de Langres et effectuait sa retraite dans les conditions prévues la veille :

Je commandais l'Avant-garde composée des Guides Thévenin, Soulié, Thouvenot et de plusieurs autres qui, tous, rendirent en cette circonstance d'immenses services par leur connaissance approfondie des chemins et du pays.

Arrivés au Bois-le-Seigneur, nous prîmes à droite et nous nous dirigeâmes, à travers forêt, sur Collaincourt, pour de là gagner Rocourt, puis le Camp.

Je n'insisterai pas sur les incidents de cette marche qui fut excessivement longue et pénible ; il y avait sur le sol une couche de neige de plus de 50 centimètres, la nuit était venue et le brouillard était toujours plus épais.

Après bien des péripéties, nous arrivâmes enfin au Camp, vers 9 heures du soir, exténués de fatigue, abîmés par le froid et n'ayant pas mangé depuis la veille.

On se coucha, comme l'on put, dans les deux maisons forestières et dans une baraque en planches à peine terminée.

Le lendemain matin, 12 Décembre, nous apprîmes à notre grand étonnement que les Prussiens quittaient Lamarche en toute hâte et reprenaient la Direction d'Epinal.

Les Guides forestiers qui nous apportèrent cette nouvelle, y ajoutèrent les renseignements suivants:

A la suite du Combat des Fourches, les Prussiens s'étaient vivement rapprochés de Lamarche et en avaient occupé toutes les issues, moins la route de Langres. Ce ne fut toutefois qu'une heure environ après notre départ et en usant de mille précautions qu'ils pénétrèrent dans la ville. Une partie de leurs forces et de leur artillerie resta en dehors, sur la Côte des Fourches, position formidable qui commande le pays.

Pendant le jour, les soldats se disséminèrent dans toute la ville; mais, pour la nuit, ils se réunirent par groupes de 100 à 200, dans les maisons les plus vastes et les plus faciles à défendre, et de nombreux factionnaires furent placés à tous les coins de rue.

Il est évident qu'ils redoutaient une attaque; aussi, pour ne pas se créer de nouveaux embarras, en excitant contre eux une population furieuse et exaspérée, ils évitèrent de se livrer à des actes de cruauté atroce et de sauvagerie, comme à Ramberwillers.

Qu'on ne se hâte pas d'en conclure qu'ils se conduisirent en vainqueurs généreux, car s'ils ne commirent aucun assassinat, s'ils n'organisèrent pas le pillage sur une vaste échelle, il n'en est pas moins vrai qu'ils maltraitèrent sans pitié quelques pauvres Gardes nationaux trouvés détenteurs d'un fusil ou simplement de cartouches; que, dans tous les logements des anciens Francs-tireurs de Lamarche, ils se livrèrent à des actes de brutalité et de maraudage, notamment chez le Capitaine, M. Lapirique; que, partout, ils furent exigeants et insolents; qu'enfin ils imposèrent à la ville une contribution de guerre de 300.000 francs.

Notre retraite par le Bois-le-Seigneur avait eu pour résultat de persuader à l'ennemi que toutes nos troupes s'étaient repliées dans la direction de Langres et qu'une nouvelle attaque ne pouvait venir que de ce côté. Quels ne furent donc pas son étonnement et son effroi, en apprenant, le lendemain matin, qu'un corps considérable (à ses yeux, un autre évidemment), était campé derrière lui, dans les bois de Boëne ?

A cette nouvelle, une véritable panique s'empara des Prussiens qui se crurent tombés dans un piège, et qui repartirent subitement pour Epinal, emmenant avec eux 3 otages.

Ils mirent une telle précipitation dans ce départ qu'ils n'achevèrent pas le repos qu'ils venaient de commencer; que des 300.000 francs exigés la veille, ils se contentèrent de 5528 francs; que le Commandant lui-même oublia sur sa table de nuit ses bijoux et sa bourse.

Vouloir contester qu'il y eut panique, serait vouloir nier l'évidence.

A partir de ce jour jusqu'à la fin de décembre, on procéda à l'organisation du Camp qui fut désigné, par la suite, sous les noms de Camp de la Délivrance, Camp de Boëne, Camp de Lavacheresse.

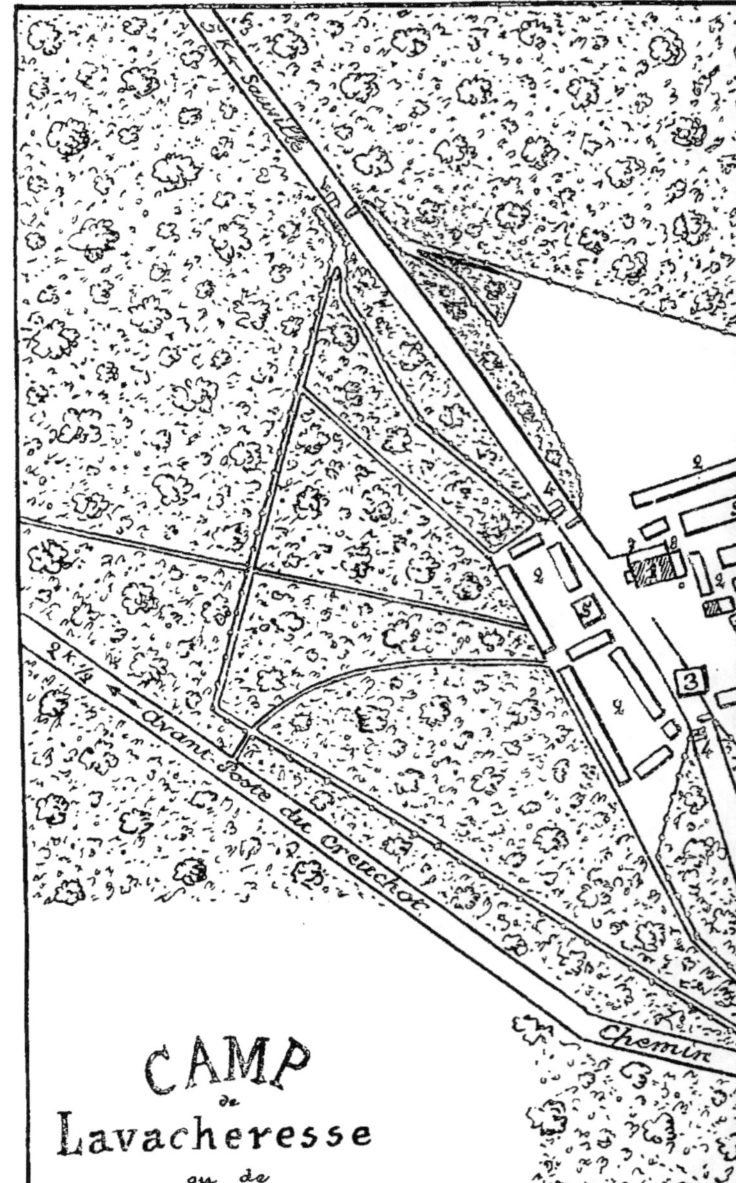


Kr Sassville
2 K.1/2
Avant-Poste du Creuchot
Chemin
CAMP
ou de
Lavacheresse
ou de
Boëne.

Chemin des Partisans
Légende.
Cloture palissadée et chemin de ronde.
Routes forestières.
Sentiers.
Maisons en pierre.
Baraques en planches et en perches.
1. État-major, Intendance et magasins.
2. Logements des soldats.
3. Blockhaus.
4. Défenses accessoires.
5. Ambulance.
6. Poudrière.
7. Armurerie.
8. Magasin d'habillement.
9. Écuries.
Martigny → 7 kil.
Échelle métrique.
0 10 20 30 40 50      100      150.      200 m

Son emplacement, nous l'avons dit, avait été choisi au centre d'un vaste plateau, élevé de 60 mètres, bordé de pentes abruptes et environné des villages de Sauvilles Rozières, Villotte, Martigny, Crainvilliers et Lavacheresse. Ce plateau est couvert en entier par une forêt de 3000 hectares, dans la-quelle on admire le fameux Chêne des Partisans, ce colosse végétal dont l'âge se compte par siècles et dont cinq hommes peuvent à peine embrasser le tronc. — Par une singulière coïncidence, c'est déjà autour de cet arbre que venaient se réunir, il y a plus de deux cents ans, les partisans lorrains chargés d'inquiéter les troupes ennemies qui assiégeaient l'importante ville de La Mothe.

Le Camp proprement dit couvrait une surface de neuf hectares, dont le quart environ fut défriché pour servir d'emplacement aux baraques et au champ de manœuvre. Il était entouré d'une enceinte palissadée et d'un chemin de ronde; la route forestière qui le traversait, était défendue par un blockhaus, par des bordures latérales en palis, par des talus, fossés, abatis d'arbres, etc.

A l'intérieur, on trouvait une construction

en maçonnerie (la maison forestière de Boëne),
où étaient installés l'État-major, l'Intendance et
les magasins; puis, tout autour, de nombreuses bara
-ques en planches et en perches pour loger les troupes
et les divers services.

Enfin, pour terminer cette description, j'ajou-
-terai que sur toute la lisière de la forêt, à l'entrée
des chemins, on avait établi des avant-postes, dont
l'un, celui de la maison forestière du Creuchot,
pouvait donner asile à une Compagnie entière.

En même temps que s'exécutèrent ces tra-
-vaux, on s'occupa activement d'accroître l'effectif
des troupes, en recrutant des volontaires et en ralliant
les militaires échappés de Metz, Phalsbourg, etc.
Plusieurs officiers de l'armée active et de l'armée
auxiliaire se joignirent à nous et on organisa de
nouvelles Compagnies franches (Chasseurs des
Vosges)

On chercha, mais en vain, à réunir les
Mobilisés : Pour eux la désertion était sans cesse
à l'ordre du jour, et on dût les laisser de côté.

Mon collègue de Lamarche continua à

resta à sa résidence, afin de nous transmettre tous les renseignements qu'il recueillait par la correspondance des Gardes. (Voir la Note 3, à la suite du Rapport.)

Pendant ce temps, il ne se passa, du reste, aucun fait militaire méritant d'être signalé.

Le 24 Décembre, 600 Prussiens avec artillerie et cavalerie, firent une Démonstration dans les villages situés autour du Camp, et se retirèrent sans attaquer. Ce mouvement avait pour effet de masquer le passage à Darney et à Monthureux d'un important convoi de munitions.

De notre côté, on ne bougea pas : nous n'étions pas en nombre et la plupart des officiers étaient partis en mission.

On préparait en effet de lointaines expéditions, entre autres, celle de Fontenoy-sur-Moselle.

Le champ d'action devant s'étendre hors du Département, je ne conservai au Camp que les quelques Guides des environs, nécessaires à l'instruction des recrues et aux besoins ordinaires du service et de la correspondance ; je les plaçai sous l'autorité de Mr. Loppinet, et, moi-même, je m'enrôlai, comme volontaire dans la 3 ème Compagnie franche des Chasseurs des Vosges.

Quelque modeste qu'ait été le rôle des Guides Forestiers dans tous les évènements que je viens de raconter, il serait souverainement injuste de ne pas rendre hommage à leur zèle, à leur abnégation à leur courage. Tous ces fidèles serviteurs, anciens militaires, devenus pères de famille, n'ont pas hésité à quitter leur foyer, leur femme, leurs enfants, pour s'exposer aux plus grands dangers, et cela, sans espoir d'obtenir aucune compensation, car jamais ils n'ont touché d'autre solde que leur modique traitement de Garde.

Comme soldats, ils ont fait leur devoir, et comme Guides, pour conduire les troupes, placer des postes avancés, diriger les reconnaissances, ils ont rendu de grands et signalés services.

A côté de tant de défaillances et de lâches calculs, on est heureux de constater de pareils faits dont l'honneur rejaillit sur la grande famille forestière tout entière.

Le Garde Général des forêts,
S-lieut — Commandant la 1re Cie des Guides.
E. Rambaux

# Notes additionnelles.

## Note 1.

Voici les noms des 25 Gardes qui firent partie effective de la 1ʳᵉ Compagnie des Guides forestiers des Vosges :

1ᵉ Préposés appartenant au Cantonnement de Bulgnéville :

Sergent-major — Lambert, Brigadier à Médonville,

Sergent — Balay, Brigadier à Châtenois,

Caporaux
- Berry, Garde à Châtenois,
- Divez, Garde à Aulnois,
- Boisset, Garde à Beaufremont.

Soldats
- Audinot, Garde à Rouvres-la-ch.
- Larose, Garde à Maudres-s-v.

2ᵉ Préposés appartenant aux 2 Cantᵗˢ de Neufchâteau :

Sergent — François, Brigadier à Liffol-le-gr.

Caporal — Henry, Brigadier à Grand,

Soldats
- Aubert, Garde à Midrevaux,
- Fixary, Garde à Liffol-le-grand,
- Virtel, Garde à Rouvres-la-ch.
- Manginot, Garde à Maconcourt.

3ᵉ Préposés du Cantonnement de Lamarche :

Caporaux
{
Raoult, Brigadier à Lignécourt,
Soulié, Garde à Damblain,
Lepage, Garde à Mont-les-Lamarche,
Chouvenot, Garde à Villotte,
Aubert, Garde à Lamarche.

Soldats
{
Thévenin, Garde à Romain-au-bois
Laforge, Garde à Martigny-les-L.
Denis, Garde à Martigny-les-L.
Parmentier, Garde à Serécourt,
Griselin, Garde à Lignécourt,
Jeanne, Garde à St Ouen-les-P.

4ᵉ Préposé détaché de l'Inspection de Mirecourt :

Soldat — Gravel, Garde à Contrexéville.

---

# Note 2.

Résumé des résolutions prises en Conseil de Guerre tenu à Lamarche, dans la nuit du 10 au 11 décembre 1870 :

Le lieutenant Buhler partira à 3 heures du matin avec 30 hommes et se rendra au Poste du Bois de la Fourrée, avec mission de résister aux

Prussiens au cas où ils voudraient pénétrer dans la forêt; et sa troupe se déploiera sur la lisière du coté droit de la Route (Point N° 1 du Plan).

Un Détachement de 30 hommes de la Compagnie Courmès partira à 3ʰ ½ et se placera au poste de la Tuilerie, route de Martigny (Point N° 2 du Plan). — Ce Détachement sera commandé par le Sous-Officier Sirre.

Sitôt que l'action sera engagée entre les Prussiens et le corps de M. Buhler, ce dont on sera averti par la fusillade et par les éclaireurs, la section Courmès, postée à la Tuilerie, se mettra en mouvement pour venir prêter main forte et gagnera rapidement le bois qu'elle apercevra sur la gauche du corps de M. Buhler (Point N° 3 du Plan).

Pendant ce temps, la Compagnie Courmès, postée à mi-chemin du bois de la Fourrée et de Lamarche, entre les deux Monts S\ᵗ Etienne et des Fourches, se tiendra prête à marcher soit d'un coté, soit de l'autre, suivant l'opportunité des circonstances.

La Compagnie Bernard, répandue sur les flancs des deux côtés, assurera en outre les routes par lesquelles l'ennemi tenterait un mouvement tournant (Postes 4 et 5 du Plan).

Quant à la Compagnie Grégoire, réservée pour garder la ligne de retraite, en cas de nécessité de reploiement, elle tiendra sa position sans s'éloigner de Lamarche; et, en cas d'attaque, elle sera soutenue par les Guides forestiers et par la Compagnie Cornès.

Enfin le Commandant de Place prendra les dispositions nécessaires pour que les forces qui seront sous sa main (Gardes nationaux) soient utilisées de la manière la plus avantageuse et servent au moins à assurer la communication entre les divers corps engagés.

Cas de retraite.

En cas de retraite forcée, nécessitée par une trop grande disproportion de forces, Lamarche sera complètement négligé, comme théâtre de combat, afin d'éviter autant que possible les horreurs de la guerre des rues.

M. Rambaux, lieutenant des Guides forestiers, est chargé de diriger la retraite et d'en assurer la ligne principale avec le concours de la Com-

-pagnie Grégoire. — On fera mine de se replier
sur Langres, par la Route qui conduit au Bois-
le-Seigneur et qui a été rendue impraticable au
moyen de défenses accessoires. Arrivé dans la
forêt, on fera tête de colonne à droite et, en
restant masqué par les bois, on gagnera, toujours sous la conduite des Guides, Tollaincourt,
Rocourt et enfin le Camp projeté.

---

# Note 3.

La correspondance faite par l'intermédiaire
des Gardes forestiers et organisée dès le commencement d'août 1870, s'étendit d'abord sur tout
le Département des Vosges; mais, après l'occupa-
tion d'Épinal, elle n'alla plus au-delà de cette
ville, et les renseignements se centralisèrent à
Bulgnéville pour la moitié ouest du Département. Lamarche, de son côté, ne cessa de
correspondre dans les départements voisins, avec
Chaumont, Langres, Bourbonne-les-bains,
Varvillers, etc.

Cette correspondance journalière, faite par

des hommes sûrs, rendit d'utiles services en maintes circonstances, à l'autorité civile et à l'autorité militaire. Elle exposait souvent les Gardes à de grands dangers, et exigeait de leur part beaucoup de courage et de sang-froid.

Je citerai, comme s'étant signalés sous ce rapport, les Brigadiers Renant, de Bulgnéville, et Jeanmaire, de Lamarche.

Je citerai aussi le garde Boisset, de Beaufremont :

Le 22 août 1870, ce dernier portait à Neufchâteau un accusé de réception d'armes et de munitions. A cette époque, les troupes allemandes n'occupaient pas encore le pays et l'on croyait les routes sûres.

A un détour du chemin, entre Aulnois et Landaville, le Garde aperçoit tout-à-coup un détachement de hussards prussiens ; et, pour éviter sa rencontre, il cherche à gagner la forêt. Mais, au moment d'atteindre le bois, il est cerné par plusieurs cavaliers qui descendent de cheval, le questionnent, le menacent et se mettent à le fouiller minutieusement.

Fort heureusement Boisset avait eu la présence d'esprit, en s'éloignant de la route, de cacher la lettre compromettante sous sa chemise et sous son bras.

Le Garde resta calme devant les menaces des Prussiens, et finalement ces derniers ne trouvant rien sur lui, le laissèrent aller.

———

Mirecourt, lith. Humbert.

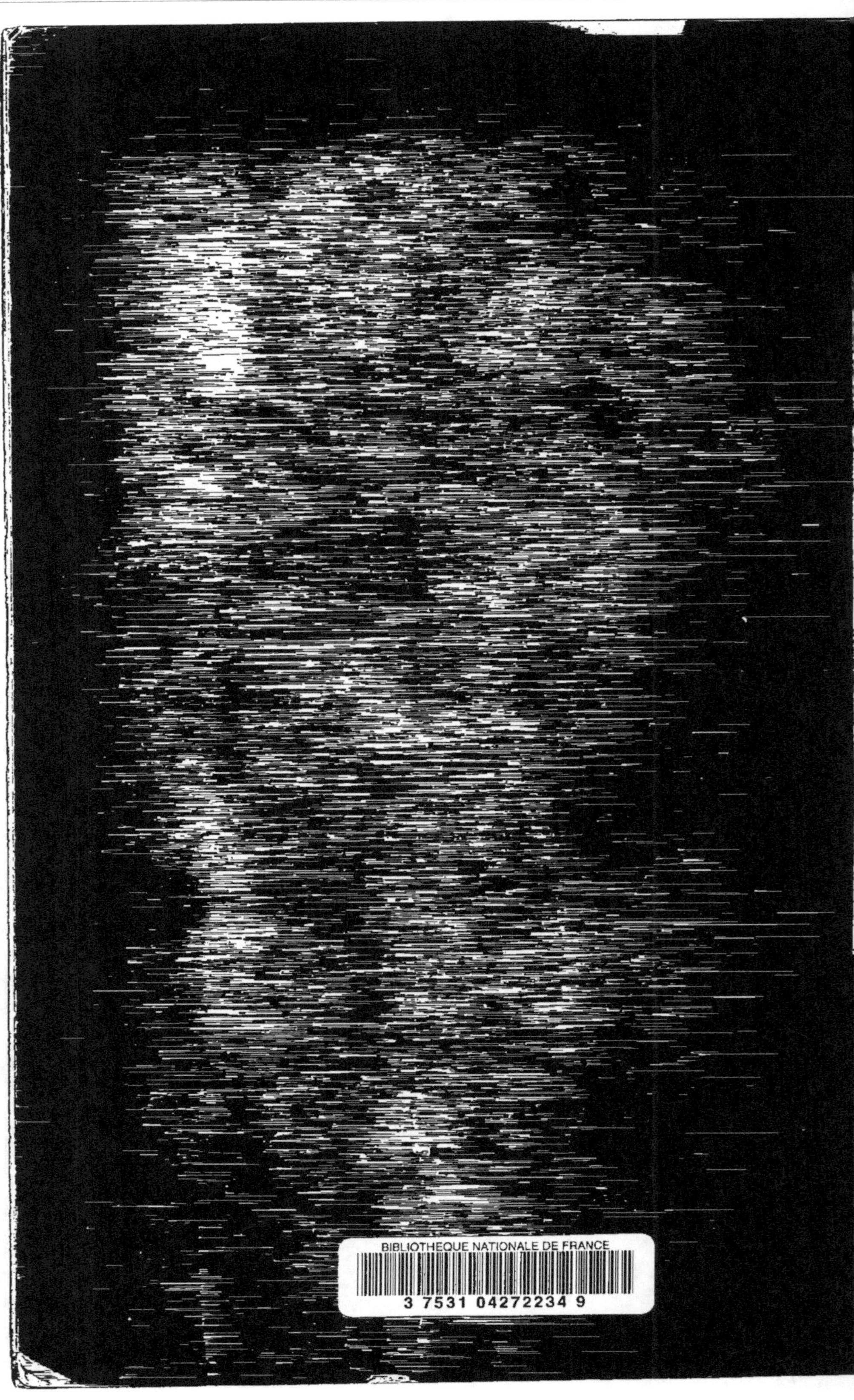